François Ier,
prince de la Renaissance

MIXTE
Papier issu de sources responsables
FSC® C022030

Loi n° 49-956 du 16 juillet 1949 sur les publications destinées à la jeunesse,
modifiée par la loi n° 2011-525 du 17 mai 2011
ISBN 978-2-09257200-9
N° d'éditeur : 10251470 – Dépôt légal : août 2017
Achevé d'imprimer en janvier 2019 par La Nouvelle Imprimerie Laballery
(58500 Clamecy, Nièvre, France)
N° d'impression : 811097

petites histoires de l'HISTOIRE

François Ier, prince de la Renaissance

Hélène Montardre

Illustrations de Benjamin Bachelier

Nathan

L'AVENTURE COMMENCE…

QUAND ?

Nous sommes dans la nuit du 1er janvier 1515.

OÙ ?

En France, et plus particulièrement à Paris, au palais des Tournelles.

MAIS ENCORE ?

Le palais des Tournelles est une maison royale et le roi Louis XII s'y est retiré voici quelques semaines. Il est très malade. Son épouse, Anne de Bretagne, est décédée, et aucun des garçons à qui elle a donné naissance n'a survécu. Louis XII est à présent marié à la jeune Marie d'Angleterre, sœur du roi Henri VIII, mais elle non plus ne lui a pas donné de fils pour lui succéder.

QUI ?

François d'Angoulême a vingt ans. Il est le petit cousin de Louis XII et, en l'absence de descendant direct, il est l'héritier du trône de France. Il y a un peu plus d'un an, il a épousé Claude de France, la fille de Louis XII.

Cette nuit-là, le roi a appelé François à son chevet…

1

Vive le roi !

François est debout près du lit, le visage grave. Quand le roi Louis XII l'a fait appeler au palais des Tournelles, il a aussitôt accouru. Dans la pièce, la pénombre règne, ainsi qu'une chaleur moite et une odeur forte, celle de la maladie, celle d'une chambre où repose cet homme en train de mourir.

François est un peu mal à l'aise. Il ne sait où caser sa haute taille et son corps plein de vigueur. Le roi a l'air si maigre, si diminué, si vieux… François se penche pourtant vers lui et quelques mots lui parviennent dans un murmure. Il comprend que Louis XII lui fait ses dernières recommandations. Il frissonne. Les mots qu'il a de la peine à saisir tant la voix du roi est faible sont lourds de sens. Ils signifient que le jour qu'il a tant attendu est proche : bientôt, il sera roi de France.

Dehors, le vent souffle en tempête, faisant craquer les fenêtres et le toit de la maison royale. François ne l'entend pas. Il a les yeux fixés sur les lèvres du roi, mais celui-ci s'est tu. Il vit encore pourtant, car il soulève doucement la main pour signifier à François qu'il doit s'en aller à présent. Dans ses derniers moments, Louis XII veut rester seul avec son aumônier et ses plus fidèles compagnons.

Quelques heures plus tard, François galope à nouveau à vive allure dans les rues de Paris. Les sabots de son cheval claquent sur les pavés tandis qu'une phrase tourne en boucle dans sa tête : « Le roi est mort, le roi est mort… »

Suivi de quelques amis, il saute à terre devant le palais des Tournelles, court vers la chambre où il se tenait peu de temps auparavant, s'arrête un instant sur le seuil pour reprendre son souffle, entre dans la pièce.

Celle-ci est pleine de monde, mais on s'écarte pour le laisser passer. Il sent que quelque chose a changé dans la façon dont les gens le regardent, et il sait ce que cela veut dire. Il s'arrête devant le lit du roi, se recueille un moment, repart.

Il pleut toujours, mais François n'y prend pas garde. Alors que son cheval trotte allègrement, les paroles que son ami Bonnivet lance à ses compagnons lui parviennent comme dans un songe :

– C'est une belle étrenne pour le premier jour de l'an, vu qu'il n'est même pas son fils…

Non, François n'est pas le fils de Louis XII, juste son petit cousin. Et pourtant, sa mort fait de lui le roi de France, sauf si… François baisse la tête sous la pluie. Voici un peu plus d'un an, Louis XII a épousé Marie d'Angleterre, la ravissante sœur du roi Henri VIII. Et si celle-ci était enceinte ? Ce ne serait plus François l'héritier du trône, mais le bébé à venir…

Huit jours plus tard, le cercueil de Louis XII est conduit à l'église de Saint-Denis, non loin de Paris. C'est là qu'il reposera, auprès d'Anne de Bretagne, l'épouse qu'il a tant aimée.

Lorsque tout est terminé, le grand écuyer de France s'approche et crie :

– Le roi est mort ! Le roi est mort ! Le roi est mort !

Le porteur de la bannière du royaume l'abaisse et crie à son tour :

– Le roi est mort !

Puis il relève la bannière et lance à pleine voix :

– Vive le roi !

La phrase est reprise par tous ceux qui sont là :

– Vive le roi ! Vive le roi !

Le roi, c'est François... sauf si Marie est enceinte !

François compte les jours. Il bouillonne d'impatience. Dans sa tête, il est déjà le roi et il a mille projets. Il lui faut attendre cependant ; attendre la confirmation qu'aucun bébé ne va lui voler le trône.

Louise de Savoie, la mère de François, est au moins aussi impatiente que lui. Depuis la naissance de son fils, elle rêve de ce moment. Elle a en effet toujours été persuadée que son François deviendrait roi de France, et elle lui a donné l'éducation qui convient à un futur souverain.

Enfin, la nouvelle tombe : la reine Marie n'est pas enceinte ! Heureusement, car François n'a pas attendu pour nommer, avec les conseils de sa mère, ceux qui l'entoureront dans sa fonction de roi.

Reste à organiser son couronnement et son sacre.

– Ils seront grandioses, décide sa mère.

François est d'accord. Il aime les beaux habits, la fête, la foule, et il a hâte de faire connaissance avec son peuple et de lui montrer qui il est. Alors, trois semaines après la mort de Louis XII, un immense cortège se met en branle. Destination Reims, là où sont sacrés les rois de France.

2

Le sacre de Reims

Dans la froideur de ce mois de janvier, les étendards se déploient, le son des trompettes résonne et les sabots des chevaux claquent sur la terre durcie. Sur la route qui relie Paris à Reims, cavaliers et voitures se succèdent en une somptueuse cavalcade sous les yeux ébahis et ravis des Français. Tous les grands seigneurs du royaume, les capitaines, les gouverneurs des provinces, les gentilshommes sont là, avec leur suite.

Claude, l'épouse de François, n'est pas du voyage. Elle est enceinte et doit se reposer.

Le 25, très tôt, le roi fait son entrée dans la cathédrale de Reims. Il est vêtu d'une chemise de soie blanche sur laquelle il a passé un manteau, blanc lui aussi. Il prend place dans le chœur de l'église, avec l'archevêque, les évêques et de nombreux seigneurs. Durant trois heures, les prières et les hymnes se succèdent.

À la fin, François se lève.

La main sur l'Évangile, il prononce le serment du sacre. Il promet de défendre l'Église, de faire régner la paix, de se montrer clément.

Puis on lui ôte son manteau. Alors, avec une aiguille d'or trempée dans l'huile sainte, l'archevêque touche le corps du roi en sept endroits. François revêt ensuite une chemise, une tunique de velours bleu semée de fleurs de lys et le grand manteau royal orné de fourrure, avant de s'agenouiller, les mains jointes, devant l'archevêque. Celui-ci effleure ses mains avec l'aiguille et offre au roi une paire de gants bénis pour les protéger car elles sont désormais sacrées.

Ensuite, l'archevêque passe au doigt de François un anneau d'or. C'est le symbole de l'union du roi et de son royaume. Il place le sceptre d'or dans sa main droite et pose la couronne sur sa tête.

Enfin, le roi monte sur une estrade couverte de tentures bleues ornées de lys d'or. À genoux devant lui, l'archevêque lui baise les doigts et proclame :

– Vive le Roi sans fin !

– Vive le Roi sans fin ! répètent ceux qui ont assisté à la cérémonie et qui se pressent à l'intérieur de l'édifice.

Il est deux heures de l'après-midi quand François sort de la cathédrale par le grand portail.

Depuis le matin, la foule est massée derrière des barrières. Elle explose de joie lorsque le souverain apparaît :

– Vive le roi ! Vive le roi !

Des pièces d'argent sont lancées et les cris redoublent :

– Vive le roi ! Vive le roi !

Le soir, tandis qu'un festin réunit François, les évêques et les grands du royaume dans le palais de l'archevêque, des feux de joie sont allumés non seulement à Reims, mais dans toutes les villes du royaume. Tout au long de la nuit, le peuple danse, mange, boit et chante. Il célèbre l'avènement du roi François, premier de ce nom.

Le roi aussi mange, boit et chante. Mais alors que les heures s'écoulent, il rêve à ce qu'il veut accomplir, à ce qu'il souhaite bâtir, au grand règne qui l'attend.

Mais par où commencer ?

Un nom s'impose alors à lui, comme une évidence : l'Italie.

L'Italie...

François en rêve depuis son enfance.

Il a passé une partie de sa jeunesse au château d'Amboise où des artistes italiens ont laissé leurs traces. C'est un autre roi de France, Charles VIII, qui les avait fait venir. Parti conquérir le royaume de Naples, en Italie, Charles VIII s'était en effet émerveillé devant les palais de Rome, de Florence et de Naples. Il était revenu de ce voyage avec des peintres, des architectes, des jardiniers, des orfèvres, des artisans qu'il avait fait travailler dans ses châteaux. Leurs noms, comme celui de l'architecte Fra Giocondo ou celui du peintre et sculpteur Guido Paganino, sont gravés dans la mémoire de François.

Le jeune roi a aussi séjourné à Blois où il a admiré la collection de peintures de Louis XII. Or, d'où venaient ces tableaux ? D'Italie. C'est peut-être parce qu'il a grandi au milieu de ces merveilles que François aime autant la peinture, le dessin, la sculpture, la musique, la poésie et qu'il se passionne pour l'Antiquité. D'ailleurs, lui-même dessine et compose des vers.

Ce soir-là, celui de son sacre, alors qu'il continue à manger, boire et chanter, un mot tourne en boucle dans sa tête : Italie, Italie, Italie…

3

Un roi plein d'énergie

Le convoi royal a quitté Reims et, sur la route qui le ramène à Paris, François interpelle Fleuranges, l'un de ses plus vieux amis :

– Tu te souviens quand nous étions petits ? On jouait tout le temps à se battre et on guettait les nouvelles de Louis XII et de ses chevaliers partis en Italie reconquérir le duché de Milan…

Fleuranges lui lance un regard en biais.

– Les capitaines de Louis XII ont perdu la guerre, rappelle-t-il au roi. Et le duché de Milan n'est pas resté français longtemps…

– Et alors ? réplique François. Je sais que Milan est aujourd'hui aux mains de Maximilien Sforza ! Mais pourquoi le resterait-il ?

Des étoiles s'allument dans ses yeux. Il est le roi à présent, il fait ce qu'il veut.

Et ce qu'il veut est clair : il veut connaître l'Italie et ses merveilles. Il veut découvrir ses palais, admirer ses œuvres d'art, rencontrer les artistes qui ont fait sa renommée. Il veut qu'un bout de cette Italie redevienne française ; il veut reconquérir le duché de Milan.

– De toute façon, déclare-t-il soudain, j'y ai droit à ce duché ! Il appartenait à mon arrière-grand-mère, Valentina Visconti. Souviens-toi : fille du duc de Milan, elle a épousé le duc d'Orléans, le frère du roi de France Charles VI ! Voilà qui nous donne des droits sur le duché de Milan, tu ne crois pas ? En fait, jamais il n'aurait dû sortir de la famille ! Le reconquérir est d'ailleurs un devoir. Et tu sais quoi ? Je vais réussir là où mes prédécesseurs ont échoué. Avec moi, le duché de Milan va redevenir français. C'est une bonne façon de commencer mon règne, non ?

Durant les mois qui suivent, François s'emploie à mettre son projet à exécution.

Les obstacles qui se dressent devant lui semblent insurmontables. Qu'importe, le jeune roi est plein d'énergie et très convaincant ! Il réfléchit aussi : pas question de s'embarquer dans la guerre sans nouer des alliances.

Alors, avec ses conseillers, il analyse la situation.

– Le duché de Milan est aux mains de Maximilien Sforza, rappelle-t-il. Et il a l'appui des Suisses.

– Les Suisses sont de redoutables combattants, dit l'un des conseillers. Ils sont déjà en place, de l'autre côté des Alpes, dans le nord de l'Italie.

– Ne craignons pas les Suisses, reprend François. Nous allons leur opposer des soldats valeureux.

– Nous devrons en engager pour renforcer notre armée, remarque quelqu'un.

– Absolument, réplique François. Nous allons recruter des soldats allemands. Ils sont aussi redoutables et aguerris que les Suisses. Il nous faut une grosse armée et une bonne artillerie.

– Tout cela va coûter très cher, souligne l'un des conseillers. Où trouverons-nous l'argent ?

– Je m'en occupe, affirme François.

Et c'est ce qu'il fait.

Il ordonne de faire fondre la vaisselle en or de Louis XII. Avec l'or ainsi obtenu, il pourra payer des soldats, les équiper et renouveler son artillerie.

Il lance aussi des emprunts auprès des grands du royaume et auprès de ses officiers, et ils sont nombreux à lui apporter leur soutien.

Petit à petit, les soldats recrutés se rassemblent à Lyon où le matériel nécessaire à la guerre est également convoyé.

François se prépare à les rejoindre, mais il prend son temps !

Il quitte Paris fin avril avec toute sa cour et, sans se presser, gagne Melun, puis Fontainebleau, puis Montargis, puis Gien, puis Blois. De là, il se rend à Amboise qu'il aime tant.

La petite ville a préparé l'entrée de son roi. On est déjà en juin, et une grande fête est organisée à l'occasion du mariage du duc de Lorraine et de Renée de Bourbon. Une fête, cela signifie banquet, musique, costumes splendides, mais aussi exploits sportifs !

Et pour cela, François est toujours plein d'idées.

Justement, un sanglier de quatre ans a été capturé dans la forêt. L'animal est de belle taille et, furieux d'être prisonnier, il gratte le sol de ses sabots en grognant. François sourit en l'observant. Il sait comment il va amuser son entourage !

– Que l'on construise une arène dans la cour du château ! ordonne-t-il. Et quand cela sera fait, je veux que l'on y place des mannequins qui seront fixés à une corde tendue en plein milieu. Je suis curieux de voir comment cette bête va s'y prendre pour les attaquer.

Le jour de la fête, François n'est pas déçu et la Cour non plus.

Le sanglier s'acharne sur les mannequins et les déchiquette. Cela ne suffit pas à calmer la bête qui s'échappe de l'arène et fonce sur les spectateurs ! Avant que quiconque ait le temps d'esquisser un geste, François bondit.

– Écartez-vous ! ordonne-t-il aux gentilshommes qui se sont déjà jetés en avant.

Il tire son épée et, d'un coup ajusté, l'enfonce dans le corps de l'animal.

Le sanglier titube, tente encore de s'échapper avant de s'écrouler sur le sol, mort.

Toute la Cour applaudit l'exploit du roi.

Louise, sa mère, et Claude, son épouse, se joignent aux applaudissements en poussant un soupir de soulagement. Décidément, François ne leur épargnera aucune peur. Il est toujours si téméraire !

4

Le Roi-Chevalier

Dans le petit jour qui se lève, François se retourne.

Le château d'Amboise repose dans son cadre de verdure. À l'intérieur, Claude, son épouse, dort encore. Il n'a pas voulu la réveiller, ni même l'avertir de son départ. Il préfère la laisser se reposer, dans l'attente de leur premier enfant.

Le cheval de François piaffe et lance un hennissement d'impatience. Le roi a un dernier regard pour Amboise et son cœur se met à battre plus fort dans sa poitrine. On est le 29 juin 1515, il a vingt ans, il est le roi de France, et il va réaliser l'un de ses rêves : guerroyer en Italie.

La gorge serrée par l'émotion, il lève le bras pour donner l'ordre du départ, et le cortège qui l'accompagne se met en branle.

Il sait qu'il peut toujours prendre son temps, cependant, car il reçoit régulièrement des nouvelles concernant le recrutement des soldats. Or son armée n'est pas prête. Alors il en profite pour visiter ce pays sur lequel il règne, s'arrêtant dans chacune de ses cités avec sa cour. Les villes se succèdent : Romorantin, Bourges, Moulins… Le 12 juillet enfin, Lyon l'accueille avec splendeur.

Les réjouissances terminées, les choses sérieuses peuvent commencer. François réunit ses capitaines et interroge :

– Où en sommes-nous ? Combien d'hommes avons-nous ?

– Nous avons réuni trente mille fantassins et dix mille cavaliers, répond l'un des capitaines. Quant aux soldats allemands, ils sont en route. Nous en attendons cinq mille.

François fait le compte : trente mille plus dix mille plus cinq mille, cela fait quarante-cinq mille soldats qui se préparent à la guerre.

Et cela fait beaucoup de monde pour une ville comme Lyon !

François et ses capitaines déambulent dans les campements. Les soldats n'ont pas d'uniformes, ils portent juste des signes de reconnaissance.

Question armement, en revanche, ils sont équipés de la même façon : une longue pique pour arrêter la cavalerie ennemie, une dague avec une lame large et courte pour les combats en corps à corps et, pour certains d'entre eux, une arquebuse, un casque et une tunique en cuir.

François aime le grouillement de tous ces hommes prêts à lui obéir. Car il l'a déclaré : il prendra lui-même le commandement de l'armée.

Qui reste-t-il alors pour gouverner ? Qui assurera la régence durant son absence ?

– Ma mère, déclare François.

Le 15 juillet, il signe l'ordonnance qui fait de Louise de Savoie la régente du royaume.

Personne ne s'en étonne. François a pleine confiance en sa mère. Il connaît sa sagesse et son énergie. D'ailleurs, dès son avènement, il l'a fait entrer dans son conseil privé, aux côtés des grands seigneurs de France. Elle est donc au courant des affaires du royaume ; elle saura prendre les bonnes décisions tant qu'il ne sera pas là et aussi s'il lui arrivait malheur.

Tout est prêt. Enfin presque…

Car il reste un obstacle de taille : les Alpes !

La prodigieuse chaîne de montagnes sépare la France de l'Italie.

Avec ses capitaines, François étudie les cartes.

– Une armée comme la nôtre ne peut franchir le massif montagneux que par deux cols, explique l'un des capitaines. Celui de Montgenèvre et celui du Mont-Cenis. Le problème...

– Le problème, l'interrompt François, c'est que les Italiens le savent aussi ! Et ils nous attendent de l'autre côté...

– Exactement. Prosper Colonna, un allié de Maximilien Sforza, campe sur place avec ses hommes.

– Alors, nous devons trouver un autre passage, murmure François.

Un autre passage... Les officiers se regardent. S'il y en avait un, cela se saurait !

– Ce passage existe, déclare soudain le maréchal de Trivulce. J'ai déjà exploré ces montagnes, et leurs habitants m'ont montré une série de défilés qui relient des vallées les unes aux autres. Bon, le chemin n'est pas très commode, surtout pour une armée comme la nôtre. Il convient plutôt aux voyageurs isolés et peu chargés. Mais avec quelques aménagements...

François dévisage ses capitaines. Ils sont prêts à le suivre, quelles que soient les difficultés.

– Alors on y va ! décide-t-il. Et pour tromper l'ennemi, nous enverrons aussi des corps de troupes par des chemins différents, y compris par les routes connues.

« Quelques aménagements... » a dit le maréchal de Trivulce.

En réalité, l'avant-garde envoyée pour préparer le passage a fort à faire : couper des arbres, faire sauter la roche, déblayer, aplanir le sol, mettre en place des passerelles pour franchir les ravins, tout cela aussi vite que possible et avant que l'ennemi soit informé de ce qui se trame.

Bientôt, l'armée s'engage sur le chemin secret.

Malgré l'énorme travail de préparation, le terrain reste très accidenté. Pour les cavaliers, impossible de rester en selle. Ils doivent sauter à terre et convaincre leurs chevaux de les suivre sur ces sentiers périlleux. Les canons et les chariots doivent être démontés et leurs lourdes pièces portées à dos d'homme. Parfois, une coulée de boue bloque le passage. Il faut dégager pour pouvoir repartir dans le froid ou sous la pluie.

Comme les autres, François avance. Il a revêtu sa lourde armure et il porte ses armes. Son cheval lui-même est couvert d'acier ! Qu'importe ! Rien n'arrête le jeune roi. Sa haute et vigoureuse silhouette constitue un point de ralliement, et sa bonne humeur, son endurance et son entrain encouragent les siens à le suivre.

Et l'incroyable plan fonctionne ! En quelques jours, l'armée française, avec sa cavalerie, ses soldats à pied, ses canons, ses chariots et son matériel de guerre franchit les Alpes sans que l'ennemi s'en aperçoive.

Et Prosper Colonna qui gardait les routes habituelles ?

Il est surpris par l'un des capitaines de François et fait prisonnier.

Tout s'annonce donc au mieux pour le roi de France. Les redoutables soldats suisses, postés de l'autre côté des montagnes, ne comprennent pas comment une telle armée a pu franchir ces gorges dangereuses. Ils abandonnent le terrain et se replient vers Milan où se trouvent leurs alliés.

Aussitôt, l'armée française, rassemblée dans la plaine italienne, établit son camp sur la route de Milan, non loin de Marignan. C'est là que, le 13 septembre 1515, les forces de Maximilien Sforza et les Suisses surprennent le roi de France et ses soldats.

François enfile en hâte sa cotte d'armes bleue semée de fleurs de lys. Il coiffe son casque orné d'une couronne couverte de pierreries et surmontée d'un large panache, et il conduit lui-même ses hommes à la bataille.

Le combat est terrible. Il dure tout le jour et reprend le lendemain à l'aube. Les Français faiblissent. Mais leurs alliés, les Vénitiens, viennent à leur secours.

Alors, les Suisses et les forces de Maximilien Sforza reculent.

La plaine de Marignan est couverte de milliers de morts, dont plusieurs compagnons de François, mais les Français ont gagné. Grâce à cette victoire, le duché de Milan est à eux !

Le jeune roi laisse son regard planer sur le champ de bataille. Il a frôlé la mort à plusieurs reprises. Il est couvert de poussière, de sueur et de sang. Il entend, comme à travers un brouillard, les félicitations de ceux qui ont combattu

à ses côtés. Ceux qui ont connu les guerres d'autrefois affirment :

– Les batailles précédentes n'étaient que jeux d'enfants auprès de ce combat de géants.

Alors François se dit qu'il entre à son tour dans la légende. Il a franchi les Alpes par des chemins secrets. Il a su convaincre ses compagnons de le suivre. Pas seulement les jeunes qui ont grandi avec lui et qui constituent aujourd'hui « sa bande », mais aussi des anciens, comme le chevalier Bayard qui a combattu aux côtés de Louis XII. Le voilà semblable à ceux dont il écoutait raconter les exploits, à Amboise, lorsqu'il était enfant. Il a atteint son but : reconquérir le duché de Milan, son héritage. Il s'est conduit en grand capitaine, il a combattu sans peur, il a respecté les règles de la guerre ; il est désormais le Roi-Chevalier.

5

UN ROI EN MOUVEMENT

Debout dans le grand réfectoire du couvent des dominicains, à Milan, François contemple la fresque peinte sur le mur. Elle représente la Cène, le dernier repas du Christ et de ses apôtres. François examine chaque détail. Les personnages semblent éclairés de l'intérieur, comme si chacun diffusait sa propre lumière. En fait, la lumière vient de derrière, grâce à des fenêtres que l'artiste a peintes en une vertigineuse perspective. Au-dessus, le plafond en trompe-l'œil agrandit encore l'espace. La composition est subtile et parfaite. Et quelle transparence dans les couleurs ! François a envie de caresser cette œuvre, de percer son mystère. Il n'ose pas la toucher cependant.

– Léonard de Vinci a travaillé deux ans à cette

fresque, lui glisse l'une des personnes présentes.

– Le roi Louis XII est venu ici, lui aussi, finit par dire François à l'un de ses compagnons. Et tu sais ce qu'il a imaginé ?

Son ami secoue la tête. François n'attend pas de réponse, il poursuit, comme s'il se parlait à lui-même :

– Il a eu une idée folle : arracher la fresque du mur sur lequel elle est peinte pour l'emporter en France.

– Mais c'est impossible ! s'exclame son compagnon.

– Bien sûr, confirme François. Et pourtant...

Il se détourne à regret. Il n'emportera avec lui que le souvenir de la merveille sur laquelle il a posé les yeux.

En revanche, il veut absolument rencontrer l'artiste qui l'a conçue.

Ce n'est pas difficile.

Suite à la victoire de Marignan, François entreprend une grande tournée dans les villes de son duché et c'est à Pavie qu'il reçoit Léonard de Vinci. Celui-ci a soixante-trois ans, mais il paraît plus âgé avec ses joues creusées et sa grande barbe blanche qui s'étale sur sa tunique. Une longue conversation s'engage entre l'artiste et le roi de France.

– Maître, dit soudain François. Venez en France. Je vous invite. Je mettrai à votre disposition un lieu pour créer et travailler en toute liberté.

Léonard ne répond pas tout de suite, mais on sent que le jeune roi lui plaît. Quelques jours plus tard, il lui offre un automate qu'il a fabriqué pour lui. Ébahi, François admire l'étrange objet avancer vers lui. L'automate est un lion qui marche jusqu'au roi avant d'ouvrir sa gueule pour répandre des fleurs de lys à ses pieds.

François poursuit la visite de son duché.

Il reçoit les ambassadeurs des différents États italiens.

Il rencontre le pape.

Il signe des accords et des traités.

Il prend des décisions.

Mais surtout, il découvre l'Italie, et partout, il est charmé. Les villes, les palais, les églises, les œuvres d'art… tout lui parle et il retrouve les émerveillements ressentis dans sa jeunesse.

Il a l'impression de connaître ce qu'il voit, et en même temps tout lui semble différent.

« Cela vient de la lumière », se dit-il. « Elle n'est pas comme chez nous. Voilà pourquoi les tableaux des peintres italiens sont si beaux, pourquoi ils ont cette transparence. »

Le temps passe, et le roi et sa suite reviennent à Milan. Là, François reçoit un message. La reine Claude vient de mettre au monde leur premier enfant ! C'est une fille et elle se nomme Louise de France. La mère de François et la reine réclament son retour.

– On rentre ! décide-t-il.

Il ne lui faut que quelques jours pour franchir les Alpes, par une vraie route, cette fois.

Enfin, le voilà à Sisteron, où sa mère, son épouse et le bébé l'attendent. La nuit est en train de tomber lorsqu'il arrive, mais des torches éclairent Louise qui s'avance vers son fils.

– Je suis bien contente de te revoir sain et entier, lui dit-elle. Tu as supporté tant de violences...

Sisteron, Manosque, Aix, Marseille, Salon-de-Provence, Arles, Tarascon, Avignon... François visite le sud de son royaume et sa suite avec lui. D'Avignon, il remonte à Lyon. Partout, dans le moindre village, dans chaque ville, on lui offre des cadeaux, on organise des fêtes en son honneur.

– Il est si simple, disent les uns. Et si jeune !

– Il est tellement joyeux... disent les autres.

– Mais il a vraiment l'air d'un roi ! précise-t-on avec respect.

C'est vrai qu'avec sa haute taille, son élégance, son assurance, son autorité, ses vêtements somptueux, François en impose à tous.

Au printemps 1517, la reine Claude, qui n'avait pu assister au sacre de Reims, est couronnée à Saint-Denis. Les festivités terminées, le roi et la reine repartent en voyage, vers le nord, cette fois.

Écouen, Compiègne, Amiens, Abbeville, Boulogne, Dieppe...

François entraîne avec lui sa famille et la Cour, et c'est un immense cortège qui sillonne les routes de France. Les seigneurs à cheval précèdent les litières des dames. Les chariots suivent, chargés de meubles, de tapisseries, de vaisselle, de vêtements... encadrés par une foule de serviteurs, de servantes et de palefreniers.

Le roi n'est jamais fatigué. Pour Claude, c'est différent. Elle se plaint souvent d'être épuisée.

– Je veux découvrir mon royaume, lui explique François. Savoir quelles sont ses ressources, ses richesses, mais aussi ses faiblesses.

Il désigne la foule massée le long de la route pour regarder passer le cortège royal, et il ajoute :

– Je ne suis pas seulement le roi de la Cour et de la noblesse. Je suis aussi leur roi à eux, le roi du peuple. Je veux qu'ils me connaissent, qu'ils nous connaissent, et je veux les connaître.

Mais qui gouverne pendant que le roi voyage ?

Le roi lui-même.

Il est toujours en mouvement, mais ses conseillers, ses secrétaires et les ambassadeurs envoyés par les États voisins le suivent. À eux de s'adapter au rythme imposé par François. Celui-ci profite d'une halte pour dicter un message qu'un coursier emporte aussitôt à l'autre bout du royaume. Il prend des décisions, il ordonne, il vérifie que ses ordres sont exécutés, il fait mille choses en même temps, il est partout à la fois.

Début septembre, la Cour arrive au château de Gaillon, en Normandie. Alors qu'il avance vers le pavillon d'entrée, François ralentit le pas de son cheval. Il observe les clochetons qui s'élancent vers le ciel et les hautes fenêtres qui habillent la façade. Plus tard, il déambule dans les pièces du château tandis que son hôte explique :

– Mon oncle a fait venir des artistes d'Italie pour décorer le château. Ils ont travaillé côte à côte avec les artistes français, mêlant leurs savoirs et leurs idées.

L'Italie… Encore et toujours l'Italie. François est séduit par Gaillon, mais ce qu'il a vu à Milan, Pavie ou Bologne lui a donné des idées. Lui aussi va construire des palais mêlant art français et art italien, mais ils seront différents de Gaillon. Ils ressembleront à ce qu'il est en train d'imaginer, et leurs noms seront célèbres dans toute l'Europe.

6

Un relais de chasse pour un roi

C'est l'aube.

Dans le jour qui se lève, la nature se tait. Au bord de la prairie, les arbres de la forêt abritent un étang aux eaux calmes. Un puissant parfum d'herbe et de terre imprègne l'air humide. Soudain, un chevreuil s'aventure dans le vaste espace dégagé. François l'observe. Il adore la chasse et il sait qu'à un autre moment, il reviendra avec sa bande courser l'animal au son des trompes et des aboiements des chiens.

Mais pas ce matin.

Ce matin n'est qu'à lui. Il a délaissé la Cour pour se plonger dans cette nature intacte. Il savoure la douceur et la paix de la vallée de la Loire qu'il parcourt d'un château à l'autre : Amboise, Blois et à présent…

Il tourne les talons et revient à pas lents vers le village.

Le vieux château le domine de sa masse compacte. L'église se dresse tout près. Quand François est parti, tous dormaient et l'endroit était muet. À présent, des palefreniers préparent les chevaux et des valets courent en tous sens. Car les compagnons du roi se préparent pour la chasse et il faut répondre à leurs demandes.

Un peu à l'écart, François profite de cet instant de solitude. Il aime la foule, il aime être entouré, mais parfois, il a besoin d'être seul.

Seul, il ne le reste pas longtemps. Ses amis l'ont aperçu et ils le rejoignent.

– Je vais faire raser ce château, leur annonce-t-il brusquement. Il est trop ancien, trop petit, trop inconfortable. À la place, je construirai un autre château. Un château… différent.

– Ici ? À Chambord ? s'étonne l'un de ses compagnons.

– Absolument, affirme François. Il y a de l'espace, et ça tombe bien car je veux quelque chose de grand. Et puis regardez ! ajoute-t-il avec un geste du bras qui englobe le paysage. Presque personne n'habite ici ! Et ce calme... Et ces forêts pleines de sangliers, de cerfs et de chevreuils... Mon château sera un relais de chasse.

– Et les marécages ? dit quelqu'un. Il y a plein de moustiques par ici, ce n'est pas très sain. Les gens sont souvent malades de la fièvre.

François a un large sourire.

– Raison de plus ! On sera bien tranquilles, les marécages tiendront les importuns à l'écart.

Les jours puis les semaines passent, et François n'oublie pas son projet. Bien au contraire. Il commence à l'élaborer dans sa tête et il a quelqu'un à qui en parler : Léonard de Vinci.

Car l'artiste a répondu favorablement à son invitation. Il a rejoint la France, et François l'a installé au manoir de Cloux, tout près d'Amboise.

Depuis qu'il est revenu de son tour de France, il lui rend visite régulièrement. Léonard n'est plus en très bonne santé, mais il est toujours plein d'idées. Il dessine des plans de villes ou de bâtiments ; il invente des machines extraordinaires ; il organise des mises en scène pour les fêtes du roi ; il remplit ses carnets de croquis et de dessins.

En quittant l'Italie, l'artiste a emporté avec lui quelques-uns de ses tableaux. Le roi admire souvent celui qui représente Mona Lisa del Giocondo, une dame de la noblesse italienne. Le portrait est si plein de vie que le roi a l'impression que la belle dame est prête à sauter du cadre et à entamer une discussion. Est-ce pour cela qu'un drôle de sourire erre sur ses lèvres ? Et son regard… Impossible de lui échapper ! Il suit les visiteurs quel que soit l'endroit où ils se trouvent.

François aime tellement ce tableau qu'il l'achète à Léonard, ainsi qu'un autre qui représente saint Jean Baptiste.

Quant à Léonard, il adore échanger avec le roi. Il aime son intelligence, sa vivacité, son enthousiasme, ses envies d'entreprendre. Ensemble, ils discutent projets et il s'agit souvent de grands projets.

Ainsi, un jour, Léonard dit au roi :

– J'ai réfléchi au château de Romorantin que possède Madame votre mère. Dommage qu'il soit situé dans cette région de Sologne où il y a tant de marais. Je crois qu'il serait possible de les assécher. Nous pourrions créer des canaux, comme à Venise, et bâtir deux nouveaux châteaux. Comme cela…

Léonard pousse sous les yeux de François l'un de ses carnets où il a dessiné un plan précis.

François étudie le croquis. Il lui plaît, mais il a autre chose en tête. Il parle alors à Léonard de Chambord, du calme des grands espaces, de la forêt pleine de gibier, de la lumière particulière des matins de printemps et des soirées d'automne. Léonard écoute. La lumière, il connaît. Celle de l'Italie ne s'oublie pas, et il a retrouvé ici, sur les bords de la Loire, cette transparence de l'air qu'il sait si bien reproduire dans ses tableaux.

Parmi les paroles de François qui veut bâtir un château, il perçoit aussi autre chose. Il ne s'agit pas seulement de construire un relais de chasse. Le roi veut aller plus loin, et les mots « Italie » et « merveilles » reviennent souvent dans son discours.

– Chambord… murmure Léonard quand le roi se tait.

Et dans sa bouche, le mot sonne comme une promesse.

Léonard dessine, François aussi.

Le roi a un bon coup de crayon. Durant sa jeunesse, il a profité des livres de la bibliothèque de son père et son voyage en Italie lui a beaucoup appris sur l'architecture. Pour Chambord, il est plein d'idées et il sait ce qu'il veut. Parler avec Léonard l'aide à y voir plus clair. Il aime entendre l'artiste raisonner, et il est impressionné par ses réflexions philosophiques.

Après chaque entretien, François travaille.

Au printemps 1519, Léonard de Vinci meurt.

François parcourt tristement les pièces du château de Cloux. L'endroit paraît bien vide à présent. Heureusement, il reste les affaires de l'artiste qui rappellent sa présence et, parmi elles, les précieux carnets. Il feuillette l'un d'eux, s'arrête sur une page couverte de plans entourés de notes. Il examine les dessins, lit les indications et comprend petit à petit de quoi il s'agit. C'est un château que Léonard a imaginé. Un château avec un plan centré parfaitement symétrique.

Sur un autre carnet, il découvre un dessin encore plus curieux : un escalier géant composé de quatre séries de marches qui s'enroulent autour d'un pilier central. Quelle belle idée ! Mais est-elle réalisable ?

Puis il tombe sur un autre croquis qui montre deux escaliers qui se croisent, chacun desservant les étages à des endroits différents.

« Voilà qui est peut-être possible », se dit le roi.

Il referme le carnet avec un sourire. Léonard est mort, mais leurs conversations ont porté leurs fruits ; il sait à présent à quoi ressemblera Chambord.

En septembre 1519, quelques mois seulement après la disparition de Léonard, François confie à un surintendant, un maître maçon et un trésorier le soin de commencer les travaux à Chambord.

7

Le roi bâtisseur

Dans la forêt, le son des trompes résonne et les chevaux accélèrent. Les cavaliers se couchent sur l'encolure pour éviter les branches. Le roi est l'un d'eux. Il respire à pleins poumons l'odeur des arbres, de la mousse, de son cheval trempé de sueur à force d'avoir couru.

La bête qu'il poursuit est encore invisible, mais il sait à quoi elle ressemble : un cerf magnifique qu'il a entrevu à plusieurs reprises sans jamais parvenir à le surprendre. Mais cette fois… Voilà des heures que lui et ses compagnons le pourchassent, et l'animal ne lui échappera pas. Et quand il en aura fini avec le cerf, il partira chercher le sanglier qui laboure le sol de ses prairies. Et après le sanglier, il y aura les oiseaux sur l'étang au bout de son domaine.

Son domaine… Un parc immense qu'il a constitué en achetant terrains, bois et marécages, et qu'il a fait entourer d'un mur. Là, François peut s'adonner en toute tranquillité à sa passion : la chasse.

La nuit vient vite à cette saison et, en ce jour de novembre 1536, il est encore tôt lorsque la bande de François prend le chemin du château. Les cavaliers sont crottés de la tête aux pieds, mais cela n'empêche pas le roi et ses amis de rire aux éclats en se racontant leurs aventures de la journée.

Le bleu du ciel se teinte peu à peu de violet et, au bout de l'allée, la silhouette d'une imposante demeure apparaît. L'un des cavaliers s'arrête, le souffle coupé. Il est italien, il est auprès du roi en tant qu'ambassadeur et il n'a jamais vu ce qui se dessine sous ses yeux. Des murs d'une blancheur éclatante, des toits pointus, des cheminées qui partent à l'assaut du ciel, des tourelles, des lanternons, des dentelles de pierre, des fenêtres qui ruissellent de lumière, et une architecture incroyable.

Le corps principal du bâtiment ressemble en

effet à un énorme donjon, avec de grosses tours rondes, comme celles des châteaux forts que l'on construisait il n'y a pas si longtemps encore. Et pourtant, il ne s'agit pas d'un château fort. C'est trop beau, trop grand, trop élégant, trop lumineux, trop inattendu…

– Chambord, lui glisse son voisin.

Et il n'ajoute rien. Tout tient dans ce mot.

Le palais de François est loin d'être terminé, mais ce qui est déjà réalisé dépasse tout ce qu'on peut imaginer. Comme dans un rêve, l'ambassadeur saute de son cheval, s'avance vers l'édifice, pénètre dans le hall, se fige, surpris.

L'intérieur est aussi étonnant que l'extérieur. Un énorme escalier attire tous les regards. Quelle merveille, cet escalier ! Mais il a quelque chose d'inhabituel.

– En fait, il y a deux escaliers, lui explique son compagnon de chasse. Ils s'enroulent l'un autour de l'autre et desservent les appartements des étages à des endroits différents. Deux personnes peuvent ainsi monter et descendre sans se croiser !

L'ambassadeur examine ensuite un curieux animal sculpté dans la pierre.

– La salamandre, dit son compagnon. C'est l'emblème de notre roi.

L'ambassadeur contemple longuement l'étrange animal haut sur pattes et doté d'une longue queue. Sa tête est coiffée d'une couronne et sa gueule crache du feu. Aucun doute, cet emblème convient tout à fait au roi François qui attrape la vie à bras-le-corps. D'ailleurs, l'animation qui règne dans le château rappelle à l'ambassadeur que la journée n'est pas finie. Un festin se prépare et il durera une bonne partie de la nuit.

Plus tard, beaucoup plus tard, l'ambassadeur ne parvient pas à trouver le sommeil. Il a vu trop de merveilles ; ou il a trop mangé de ce ragoût de cerf ; ou trop bu de ce vin parfumé à la cannelle et au gingembre ; ou peut-être n'aurait-il pas dû reprendre de ces délicieux fromages…

Il ouvre son carnet et commence à écrire :

Le roi a désiré que je me rende à Chambord, ce qui est une faveur extraordinaire. On m'y a donné un logement dans le propre logis de Sa Majesté et j'ai soupé familièrement avec elle…

Le lendemain, tout le monde s'affaire. François,

sa bande et ses invités repartent déjà pour une autre résidence royale. La visite du roi à Chambord n'aura duré qu'un jour et une nuit ! Il en a profité cependant pour inspecter les lieux et donner ses ordres pour la poursuite des travaux.

La cavalcade emprunte bruyamment l'allée qui conduit vers la sortie du parc. L'ambassadeur se retourne pour regarder le palais une dernière fois. Celui-ci repose silencieusement dans son écrin de verdure comme un château de contes de fées abritant une princesse endormie.

Pourtant, François se rend peu à Chambord. Il suit les travaux de loin, donne ses ordres et intervient lorsque cela est nécessaire.

Il a aussi reconstruit Amboise, où il a passé sa jeunesse, et Blois, où est né le roi Louis XII. Mais il préfère dorénavant séjourner dans ses châteaux de la région parisienne. Là-bas aussi, il y a de grandes forêts où le gibier abonde. Il a ainsi bâti le château de Madrid, dans le bois de Boulogne, non loin de Paris, et celui de Villers-Cotterêts, plus au nord, et d'autres encore.

Cela a donné des idées aux grands seigneurs du royaume. Le roi construit ? Eux aussi, et un peu partout, des chantiers ont fleuri. Tout le monde essaie de copier le roi !

Mais c'est le château de Fontainebleau que le roi apprécie particulièrement. Il l'a entièrement réaménagé.

C'est d'ailleurs à Fontainebleau que se trouve la bibliothèque où il conserve les livres qu'il fait venir de toute l'Europe.

Là aussi qu'il installe sa collection de tableaux et d'objets d'art dans l'une des plus belles galeries du château.

C'est pour Fontainebleau qu'il invite des artistes d'Italie. Ainsi le peintre Rosso orne les murs de fresques. Et le sculpteur Cellini crée pour le roi des objets précieux et des statues.

François n'oublie pas Chambord cependant. Il y retourne de loin en loin, entraînant la Cour dans son sillage. Entre ces rares séjours, il garde dans son cœur une place à part pour son palais qui dresse ses dentelles de pierre dans la solitude de la forêt. Il imagine les salles immenses et silencieuses qui attendent sa venue pour reprendre vie. Alors, il ferme les yeux, et il est là-bas. Il a retrouvé sa jeunesse et grimpe allègrement le merveilleux escalier dont Léonard a autrefois rêvé. Le bruit de ses pas claque sur les planchers tout neufs des salons, son ombre s'allonge sur les murs de sa chambre, et son rire joyeux résonne pour l'éternité sous les hauts plafonds avant de se répandre dans les recoins les plus secrets de son palais.

POUR EN SAVOIR PLUS SUR L'HISTOIRE DE FRANÇOIS IER

On connaît l'histoire de François Ier d'abord par les textes. Ces textes ont été écrits par des personnes ayant vécu à cette époque. Par exemple des compagnons de François, comme le chevalier Bayard, ont écrit leurs mémoires, et sa mère, Louise de Savoie, tenait un journal. On connaît aussi cette histoire grâce à des tableaux représentant les grands événements de l'époque, et des dessins et des plans qui montrent comment les châteaux de François Ier ont été conçus. Enfin, on connaît cette histoire grâce aux historiens qui ont travaillé sur la vie de François Ier et sur la Renaissance.

Qui est François Ier ?

Le roi de France.
François Ier est né en 1494. Il est le fils de Charles d'Orléans, comte d'Angoulême, et de Louise de Savoie. Il est d'abord marié à Claude de France, avec qui il aura 7 enfants, puis à Éléonore, fille de Philippe Ier, roi d'Espagne. L'un de ses fils lui succédera sous le nom de Henri II. Protecteur des arts et des lettres, François Ier permet le développement de la Renaissance en France. Il meurt en 1547.

Qu'est-ce que la Renaissance ?

Un mouvement artistique, littéraire et scientifique.
Sur le plan artistique, au XVe siècle, les artistes italiens redécouvrent l'Antiquité et s'en inspirent pour construire des monuments, peindre des tableaux, réaliser des sculptures. Dans leurs œuvres, Michel-Ange, Raphaël, Botticelli ou Léonard de Vinci cherchent à représenter l'homme et la nature avec exactitude. Ils utilisent aussi la perspective.
Ce mouvement gagne ensuite d'autres pays d'Europe, dont la France.

À quoi ressemble la France à l'avènement de François Ier ?

La France est un pays riche et peuplé. À cette époque, la population française compte essentiellement des paysans. Ils respectent le roi et son autorité. Le développement de l'économie du pays permet aux nobles, aux grands commerçants et aux grands agriculteurs de s'enrichir.

Qui est Léonard de Vinci ?

Un grand artiste italien. Léonard de Vinci est né en Italie en 1452. Il est à la fois peintre, sculpteur et architecte. C'est aussi un scientifique qui a imaginé de nombreuses machines. On lui doit des œuvres mondialement connues, dont la fresque de *La Cène*, à Milan, et le tableau *La Joconde* qui se trouve aujourd'hui au musée du Louvre, à Paris. Il meurt en France en 1519.

Chambord est-il seulement un relais de chasse ?

Non. Les immenses pièces de Chambord et son architecture audacieuse ont pour but d'éblouir le monde, d'affirmer la puissance de la France et de son roi, et de donner au royaume un prestige artistique.

Que doit-on à François Ier ?

Une foule de choses qui, aujourd'hui encore, ont des conséquences sur notre vie.
En 1539, François Ier signe l'ordonnance de Villers-Cotterêts : les documents officiels qui étaient jusque-là écrits en latin seront désormais écrits en français pour que chacun puisse les comprendre.
Il décide aussi que les églises tiendront des listes de baptêmes, de mariages et de décès de façon à connaître l'âge de chaque Français et les événements importants de sa vie.

Pourquoi François Ier est-il un roi mécène ?

Parce qu'il aide les artistes. Dans l'Antiquité, Mécène était un riche Romain qui utilisait sa fortune pour aider les artistes. Sous François Ier, et aujourd'hui encore, un mécène est quelqu'un qui soutient financièrement les écrivains, les peintres, les sculpteurs, les musiciens, les savants… François Ier a joué ce rôle tout au long de sa vie.

Table des matières

Hélène Montardre

Hélène Montardre est écrivaine. Elle a écrit de nombreux livres : romans, contes, récits, albums et documentaires.

Aux éditions Nathan, elle a déjà publié *Le fantôme à la main rouge*, *Persée et le regard de pierre*, *Zeus à la conquête de l'Olympe*, *Ulysse l'aventurier des mers*, *Alexandre le Grand – Jusqu'au bout du monde*, les romans de la collection « Petites histoires de la mythologie », les romans de la collection « Petites histoires de l'histoire » et les romans de la collection « Les Apprentis chercheurs ».

petites histoires de l'HISTOIRE

DÉJÀ PARUS

Vercingétorix contre Jules César
La prise de la Bastille
Catastrophe à Pompéi
Le voyage de Christophe Colomb
Versailles, le défi du Roi-Soleil
Le destin de Napoléon Bonaparte
L'exploit de Gustave Eiffel
De Gaulle, le résistant
Clovis, roi des Francs
François Ier, prince de la Renaissance
Aliénor d'Aquitaine, la conquérante